EN VENTE:
- **LES ARISTOCRATIES**, comédie en 5 actes, en vers, par M. ÉTIENNE ARAGO.
- **LES FEMMES DE PARIS**, drame en 5 actes, par Mme ANGELOT.
- **MONTE-CRISTO**, drame en deux soirées, par MM. A. DUMAS et A. MAQUET.
- **JEANNE D'ARC**, trilogie nationale, poème en 12 chants, par A. SOUMET, 1 vol. in-8°, 5 fr.
- **THÉATRE COMPLET** de A. SOUMET, 1 vol. in-8°, 4 fr.

LE
COMTE ORY

OPÉRA EN DEUX ACTES,

PAROLES

DE MM. SCRIBE ET DELAISTRE-POIRSON,

MUSIQUE

DE ROSSINI.

PRIX : 1 FRANC.

PARIS,
N. TRESSE, ÉDITEUR,
SUCCESSEUR DE J.-N. BARBA,
Palais-National, Galerie de Chartres, n°s 2 et 3,
DERRIÈRE LE THÉATRE-FRANÇAIS

1849

FRANCE DRAMATIQUE. — PIÈCES EN VENTE.

- Abbé de l'Espée (l'), com. 5 actes. 60
- Agamemnon, trag. 5 a. 60
- Alix ou les Deux Mères, drame, 5 actes. 60
- Amant bourru (l'), com. 3 actes en vers. 60
- A minuit, dr., 3 actes. 60
- Amour (l'), vaud., 3 a. 60
- André Chénier, dr., 3 a. 60
- Angéline ou la Champenoise, vaud., 1 a. 30
- Anglaises pour rire (les) vaudeville, 1 acte. 30
- Antican de la Marquise (l'), v., 1 acte. 30
- Argentine, vaud., 2 a. 60
- Assemblée de famille (l'), c. 5 a., en vers. 60
- Auberge des Adrets (l'), drame, 5 actes. 60
- Avant, Pendant et Après, v., 3 actes. 60
- Avocat de sa cause (l') com., 1 acte, en vers. 60
- Avoué et le Normand (l'), vaud., 1 acte. 30
- Bambocheur (le), v. 60
- Barbier de Séville (le), comédie, 4 actes. 60
- Barcarolle (la), op. com., 3 actes. 60
- Bayadères de Pitiviers (les), vaud., 3 actes. 60
- Béatrix, drame, 4 a. 60
- Beau-Père (le), v., 1 a. 30
- Bélisario, vaud., 1 acte. 60
- Belle Bourbo (fausse la), drame, 4 actes. 60
- Belle aux jeux (les), c. 1 c. 60
- Bel e Enaillé (c'1), dr., 3 actes. 60
- Belle et la Bête (la), vaud. en 2 actes. 60
- Belle Mère (la) et le Gendre, com., 3 acl. 60
- Belle Soeur (la), v., 3 a. 60
- Bénédictaire (le), v., 2 a. 60
- Bernard et l'ho logger, c., vaud, 2 actes. 40
- Bertrand et Raton, c., 5 actes. 60
- Biribi le Mazourkiste, vaud. 1 a. 60
- Bobèche et Galimafré, vaudeville, 3 actes. 60
- Bon Ange (le), c. 3 a. 60
- Bon Moyen (le), c. 1 a. 60
- Bonnes d'enfans (les), vaudeville, 1 acte. 30
- Boulangère à des écus (la), com., 1 a. 60
- Bourgeois de Gand (le), drame, 5 actes. 90
- Bourgeois à grand seigneur (le), com., 2 a. 60
- Bourgmestre de Saardam (le), v., 2 actes. 60
- Bourru bienfaisant (le), com., 3 actes. 60
- Branche de chêne (la), drame 5 actes. 60
- Brigitte, dr., 3 a. 60
- Brodequins de Lise (les) vaud., 1 a. 60
- Bruels et Palaprat, c., 1 acte. 60
- Brutus, vaud., 2 a. 60
- Budget d'un jeune ménage (le), vaud., 1 a. 30
- Bureau de placement (le), vaud. 1 a. 60
- Cabinets (les) Particuliers, vaud., 1 a. 60
- Cachucha (la), v., 1 a. 30
- Cagliostro, op. c., 3 a. 60
- Calas, drame, 3 a. 60
- Caleb de Walter Scott (le), vaud., 2 a. 60
- Camaraderie (la), c. 5 a. 60
- Camar des du ministre (les), com. 30
- Camargo (la), v., 4 a. 60
- Camp des croisés, drame, 5 a. 60
- Canaille ('a'), v., 3 a. 6
- Caumoin, roi de Rouen, vaud., 2 a. 60

- Caravage, dr., 3 a. 60
- Capitaine (le) Charlotte, com. v., 2 a. 60
- Caporal et la Payse (le), com. vaud, 1 a. 60
- Carlina Rome, v. 1 a. 60
- Carmagnola op. 2 a. 60
- Carte à payer (la), v. 1 a. 30
- Carte blanche, c., 1 a. 30
- Cartouche, d. 3 a. 60
- Catherine ou la Croix d'or, vaud., 2 a. 60
- Colibataire (le) et l'Homme marié, com. 3 a. 60
- Céline la Créole, dr., 5 a. 60
- Cendrillon, op. com., 3 actes. 60
- César ou le Chien du Château, vaud 2 a. 60
- C'est encore du bonheur, vaud., 3 a. 60
- C'est monsieur qui paie, vaud, 1 a. 30
- C'était moi, dr., 2 a. 60
- Chacun de son côté, com., 3 a. 60
- Chaîne électrique (la), com. 2 a. 60
- Chalet (le) op. com., 1 a. 60
- Changement d'uniforme (le) vaud., 1 a. 60
- Chansonnette (la), v. 1 a. 30
- Chansons de Béranger (les), vaud. 1 a. 30
- Chantre et Choriste, v., 1 acte. 60
- Chevalier (le) du jeune ple, dr., 5 a., 1 f. 60
- Chevillots (la) maître d'Adam (les), c. 1 c. 60
- Cissonnier ('e) v, 5 a. 60
- Christine, dr. 5 a. 60
- Ci-devant jeune homme (le), v., 3 a. 60
- Citerne d'Albi (la) dr., 3 actes. 60
- Clermont ou une Femme d'artiste, v., 2 a. 60
- Clotilde, drame, 5 a. 60
- Cocarde tricolore (la), vaud., 2 a. 60
- Code et l'Amour (le) vaud., 1 a. 60
- Code noir, op. c., 3 a. 60
- Coffre-fort (le), v. 1 a. 60
- Coiffeur et le Perruquier (le) vaud., 1 a. 60
- Coin de rue (le) v., 1 a. 30
- Colonel (le), v. 1 a. 60
- Comédiens (les) d. 5 a. 60
- Comité de bienfaisance (le), vaud., 1 a. 60
- Commis voyageur (le) vaud., 2 a. 60
- Comtesse d'Altemberg, dr. en 5 actes. 60
- Contener ('e), com., 3 a. 60
- Contrastes (les), c, 1 a. 60
- Courte-Paille (la), v. 2 a. 60
- Cousin du ministre (le), vaud., 1 a. 30
- Coutourières (les), v. 1 a. 30
- Couvent de Tonnington (le), drame, 3 a. 60
- Cuisinières ('es), v 1 a. 30
- Dagobert ou la Culotte, vaud., 3 a. 60
- Dame blanche (la), op. com., 3 a. 60
- Dame de Laval (la), dr., 3 actes. 60
- Dame de St-Tropez (la), drame en 5 actes. 60
- Daniel-le-Tambour, v. 2 actes. 60
- Débardeur (le), v, 2 a. 30
- Débutans (le), c., 1 a. 60
- Delphine, com., 2 a. 60
- Démence (la) de Charles VI, trag., 5 a. 60
- Demoiselle à marier (la), vaud. 1 a. 60
- Dernier marquis (le), drame, 5 a. 60
- Dette à la Bamboche com. vaud., 2 a. 60
- Deux Anglais (les), drame, 5 a. 60
- Deux Dames au violon, vaud. 1 a. 30

- Deux Edmond ('es) vaud., 2 a. 30
- Deux Favoris, v., 1 a. 60
- Deux Forçats (les) dr., 3 a. 60
- Deux Frères (le), c., 4 actes. 60
- Deux Gendres (les), com., 5 a. 60
- Deux Jaloux (les), op. com., 1 a. 60
- Deux Maris (les), v. 1 a. 30
- Deux Ménages (les), c., 3 actes. 60
- Deux Normands, v. 1 a. 30
- Deux Philibert (les), com., 3 a. 60
- Deux Sergens (les), dr., 3 actes. 60
- Deux Soeurs, dr., 3 a. 60
- Deux pays en es (les), vaud., 1 a. 60
- Deux Vieux Garçons (les), vaud., 1 a. 30
- Deux Voleurs, op. c., 1 a. te. 60
- Diable à l'école, op. c., 1 acte. 60
- Diamant (le), v. 2 a. 60
- Diamans de la couronne, opéra e m., 3 a. 60
- Dîner de Madelon (le), vaud., 1 a. 60
- Diplomate (le), v., 2 a. 6
- Dix (les), op. c., 1 a. 60
- Dix ans de la vie d'une femme, dr., 6 a. 60
- Docteur Robin (le), v., 1 acte. 60
- Dominique ou le Possédé, com., 3 a. 60
- Don Juan d'Autriche, com., 5 a. 60
- Dom Sébastien de Portugal, opéra, 5 a. 1 f.
- Don Sébastien de Portugal, drag., 5 a. 60
- Don Pasquale, op., 3 a. 1 f.
- Duc d'Olonne, o. c., 3 actes. 60
- Duel (le) et le Déjeuner, v., 1 a. 30
- Du merveilleuse (l'), opéra com., 3 a. 60
- Eclair (l'), op. c. 3 a. 60
- Ecole des Vieillards (l'), com., 5 a. 60
- Economies de Bouchard et Fous Clé. 60
- Edouard et Clémentine, vaud., 3 a. 60
- Elève de Saumur (l'), vaud., 1 a. 60
- Fille est folle, v., 3 a. 60
- Embarras du choix (l'), vaud., 1 a. 30
- Enfans d'Edouard (les), trag., 5 a. 60
- Enfant de Giberne (l'), drame, 4 a. 60
- Enfant trouvé (l'), c., 3 actes. 60
- Famille improvisée (la), drame, 4 a. 60
- Héritière (l'), comédie en 5 actes. 60
- Espionne russe (l'), v. 3 actes. 60
- Est-ce un rêve? v., 2 a. 30
- Estelle, vaud., 1 a. 30
- Etourdis (les), c. 5 a. 60
- Eulalie Pontois, drame, 5 actes. 60
- Eustache, vaud., 1 a. 30
- Famille de l'apothicaire (la), vaud., 1 a. 30
- Famille Glinet (la), c., 3 actes. 60
- Facteur (le), dr., 5 a. 1 acte. 60
- Famille Riquebourg (a), vaud., 1 a. 60
- Fanchon la Vielleuse, vaud., 3 a. 60
- Farrock le Maure, dr., 3 actes. 60
- Faublas, vaud., 5 a. 60
- Fausse Clé (la), drame, 3 actes. 60
- Femme jalouse (la), v., 5 actes. 60
- Fénelon, trag. 5 a. 60
- Ferme de Bondy (la), vaud., 1 a. 60

- Festin de Pierre (le) com., 5 a. 60
- Feu Peterson !! v. 2 a. 60
- Fiancée (la), op. c., 3 a. 60
- Fiancée de Lammermoor (la), dr. 3 a. 6
- Fille de Domino que (la), vaud., 4 a. 60
- Fille d'honneur (a), c. 5 actes. 60
- Fille du Cid (la), trag. 5 actes. 60
- Fille du musicien (a), drame, 3 a. 60
- Fille d'un voleur (la), vaud. 4 a. 30
- Fille du tapissier (la), com., 3 a. 60
- Filles de l'enfer (les) drame, 4 a. 60
- Fils de Cromwel (le), com. 5 a. 60
- Floridor le Choriste, com., 2 a. 60
- Folle de la cité, d., 5 a. 60
- Eras a'i, aud., 3 a. 60
- Frau Diavolo, op. c., 3 actes. 60
- Françoise et Francesca, vaud. 2 a. 60
- Frère égonde et Brunehaut, trag., 5 a. 60
- Frère et mari, op. c., 3 actes. 60
- Frères à l'épreuve (les) drame, 5 a. 60
- Gabrina, drame, 5 a. 60
- Gaetan il Mammone, drame, 5 actes. 60
- Gardian (le), v, 2 a. 6
- Général et le Jésuite (le), dr 5 a. 60
- Geneviève la Blonde, vaud., 2 a. 60
- George et Thérèse, v., 2 actes. 60
- Gennaro ou les Puritans, op., 3 a. 1 f.
- Grâce de Dieu (la), dr., 5 actes. 60
- Grande Dame (la), dr., 2 actes. 60
- Grand-papa Guérin (le) vaud. 2 a. 60
- Guerre des servantes, drame, 5 a. 60
- Guillaume Colmann, dr., 5 actes. 60
- Guido et Ginevra, op., 5 actes. 60
- Guillaume Tell, grand opéra, 5 a. 1 fr.
- Gustave III ou le Bal, grand opéra, 5 a. 60
- Hernani, parodié de l'Hernani. 30
- Henri Hamelin, vaud., 3 actes. 60
- Henri III et sa cour, d., 5 a. 60
- Héritage du mal (l'), drame, 4 a. 60
- Héritière (l'), comédie en 5 actes. 60
- Héritière ou le Naufrage (les), c., 5 a. 60
- Héroïne de Montpellier (l'), drame, 5 a. 60
- Heur et Malheur, v., 1 acte. 30
- Hochet d'une coquette (le), vaud., 1 a. 60
- Homme au masque de fer (l'), dr., 6 a. 60
- Homme de soixante ans (l'), vaud. 1 a. 60
- Homme gris (l'), vaud. 3 a. 60
- Honorine, vaud., 3 a. 60
- Hôtel garni (l'), c., 1 a. 30
- Huguenots (les), grand opéra, 5 a. 1 fr.
- Hures-Graves (les), parodie, 3 a. 60
- Hussard de Kelsheim (les), vaud., 3 a. 60
- Idiot (l'), dr., 3 a. 60
- Il y a seize ans, dr., 3 a. 60

- Incendiaire (l'), dr., 5 a. 6
- Indépendans (les), c., 5 actes. 60
- Industries et i. dustrieux, revue, 3 a. 60
- Infortunes et M. Jovial (les), vaud., 3 a. 60
- Ingénue de Paris (l'), v. vaud. 3 actes. 60
- Intérieur des comités révolut o naires, com., 3 a. 60
- Isabelle de Montréal, drame, 5 a. 60
- Jacques et Jean, 2 a. 60
- Jarretière de sa femme (la), vaud. 1 a. 30
- Jaspin ou le 1ère, e Tenfant vau. 1 a. 30
- Jean, vaud., 3 a. 60
- Jean Lenoir, v., 2 a. 60
- Jeanne d'Arc, trag., 5 a. 60
- Jeu le (le), dr., 3 a. 60
- Joie e Femme colère (la), com., 1 a. 30
- Jeune Ma 4 (el), c., 3 a. 60
- Jouessse de Richelieu (la), com. 5 a. 60
- Jeux d'Amour et du Hasard, com., 3 a. 60
- Journée (la) d'une Julie Femme, vaud., 5 a. 60
- Judith, vaud., 2 actes. 60
- Judith (la), trag., 5 a. 1 fr.
- Juive (l'), grand opéra, 5 actes. 1 fr.
- Jumeaux Béarnais (les), dr., 4 a. 60
- Kei ly, ou le Retour en Suisse, vaud., 1 a. 60
- Kiosque (le), opéra comique, 1 a. 60
- Lac des Fées (le), grand opéra, 5 a. 60
- Laitière de la Forêt (la), vaud., 2 a. 60
- Laitière de Montfermeil, vaud., 5 acte. 60
- Lamberti-Simuel, op. com., 3 actes. 60
- Land-w. (s), v. 1 a. 30
- Lautreaumont, dr. 5 a. 60
- Léonidie, dr., 5 a. 6
- L sbeth, ou la fi le du laboureur, d. 3 a. 60
- Liste de mes maîtresses (la), vaud., 1 a. 30
- Lorgnon, (le) c., 1 a. 30
- Louis XI, tr g., 5 a. 60
- Louise, ou la Réparation, drame, 3 actes. 60
- L'une pour l'autre, com., 1 a. 30
- Lucie, dr. 5 a. 60
- Lucia, drame, 5 a. 60
- Lune de Miel (la), v., 2 actes. 60
- Lune Rousse (la), v., 1 acte. 60
- Luxe et Indigence, comédie, 5 a. 60
- Machabées (les) drame, 5 actes. 60
- Madame Barbe Bleue, vaud., 2 a. 60
- Madame de Brienne, drame, 5 actes. 60
- Madame du Barry, v., 3 actes. 60
- Madame de Sévigné, v., 3 actes. 60
- Madame Duchatelet, v. 1 acte. 30
- Madame Gibon et madame Pochet, v., 3 a. 50
- Madame Grégoire, v., 2 actes. 60
- Madame Lavalette, v., 2 actes. 60
- Mademoiselle Fernard, vaud. 1 acte. 30
- Mademoiselle Clairon, vaud., 3 actes. 60
- Mademoiselle d'Aloigny, vaud., 2 a. 60
- Mademoiselle de Mérange, op. com., 4 a. 30

LE COMTE ORY

OPÉRA EN DEUX ACTES,
PAROLES DE MM. SCRIBE ET DELAISTRE-POIRSON,
MUSIQUE DE M. ROSSINI

Décors de M. CICÉRI, mise en scène de M. SOLOMÉ,

Représenté pour la première fois, à Paris, sur le théâtre de l'Académie royale de Musique, le mercredi 20 août 1828.

DISTRIBUTION DE LA PIÈCE.

Personnages.	Acteurs.
LE COMTE ORY, seigneur châtelain	MM. A. NOURRIT.
LE GOUVERNEUR du comte Ory	LEVASSEUR.
RAIMBAUD, chevalier, compagnon de folies du comte Ory	DABADIE.
CHEVALIERS, amis du comte Ory	ALEX. DUPONT. FERD. PRÉVOST. MASSOL. DABADIE jeune.
LA COMTESSE DE FORMOUTIERS	Mme CINTI-DAMOREAU.
ISOLIER, page du comte Ory	Mlle JAWURECK.
DAME RAGONDE, tourière du château de Formoutiers	Mme MORI.

CHEVALIERS CROISÉS. — CHEVALIERS de la suite du comte Ory. ÉCUYERS. — PAYSANS et PAYSANNES. — DAMES D'HONNEUR de la comtesse.

La scène est à Formoutiers, en Touraine.

ACTE PREMIER.

Le théâtre représente un paysage. — Dans le fond, à gauche du spectateur, le château de Formoutiers, dont le pont-levis est praticable. — A droite, bosquets à travers lesquels on aperçoit l'entrée d'un ermitage.

SCÈNE I

RAIMBAUD, ALICE, PAYSANS et PAYSANNES occupés à dresser un berceau de feuillage et de fleurs.

RAIMBAUD.
Allons, allons, allons vite !
Songez que le bon ermite
Va paraître dans ces lieux.
Qu'en rentrant à l'ermitage,
Il reçoive à son passage
Nos offrandes et nos vœux.

PAYSANS.
Aurai-je par sa science
Le savoir et l'opulence ?

JEUNES FILLES.
Aurons-nous par sa science
Les maris
Qu'il nous a promis ?

RAIMBAUD, cachant sous son manteau son habit chevalier.
Vous aurez tout, croyez-en ma prudence;
Car j'ai l'honneur de le servir.
Vous riez... Lorsqu'ici l'on rit de ma puissance,
C'est le ciel que l'on offense;

Hâtez-vous de m'obéir.
(D'un air d'impatience.)
Placez aussi sur cette table
Quelques flacons de vin vieux ;
Il aime assez le vin vieux,
Car c'est un présent des cieux.

SCÈNE II.

LES MÊMES, DAME RAGONDE.

DAME RAGONDE, sortant du château, à gauche.
Quand votre dame et maîtresse,
Quand madame la comtesse
Est, hélas! dans la tristesse,
Pourquoi ces chants d'allégresse ?...
Pleins d'amour pour leur maîtresse,
De bons et fidèles vassaux
Doivent souffrir de tous ses maux !
Elle veut au bon ermite
Dans ce jour rendre visite,
Pour que du mal qui l'agite
Il puisse la délivrer.
ALICE.
Le ciel vient de l'inspirer.
DAME RAGONDE.
Vous croyez que sa science
Peut nous rendre l'espérance ?
RAIMBAUD.
Rien n'égale sa puissance :
Mainte veuve, grâce à lui,
A retrouvé son mari.
DAME RAGONDE.
Oh! je veux aussi l'entendre,
Près de lui je veux me rendre,
S'il est vrai qu'un cœur trop tendre
Par lui
Puisse être guéri.
RAIMBAUD.
Silence... le voici !

SCÈNE III.

LES MÊMES, LE COMTE ORY, déguisé en ermite, avec une longue barbe.

AIR.

Que les destins prospères
Accueillent vos prières !
La paix du ciel, mes frères,
Soit toujours avec vous !
Veuves ou demoiselles,
Dans vos peines cruelles,

Venez à moi, mes belles :
Obliger est si doux !
Je raccommode les familles,
Et même aux jeunes filles
Je donne des époux.

Que les destins prospères
Accueillent vos prières !
La paix du ciel, mes frères,
Soit toujours avec vous !

DAME RAGONDE.
Je viens vers vous !
LE COMTE, la regardant.
Parlez, dame... trop respectable.
DAME RAGONDE.
Tandis que nos maris, dont l'absence m'accable,
Dans les champs musulmans moissonnent des lau-
[riers,
Leurs fidèles moitiés, quoiqu'à la fleur de l'âge,
Ont juré, comme moi, de passer leur veuvage
Dans le château de Formoutiers.
LE COMTE, à part.
Où tant d'attraits sont prisonniers.
(Haut.)
C'est le château de la belle comtesse.
DAME RAGONDE.
Dont le frère aux combats a suivi nos guerriers
Et cette noble châtelaine
Sur un mal inconnu, qui cause notre peine,
Veut aujourd'hui vous consulter.
LE COMTE, à part.
Ah ! quel bonheur !...
(Haut.)
Près de moi qu'elle vienne ;
Mon devoir est de l'assister.
(Se retournant vers les paysans.)
Vous aussi, mes enfans... De moi pour qu'on ob-
On n'a qu'à demander... Parlez ; [tienne,
Tous vos souhaits seront comblés.
CHOEUR, se pressant autour du comte.
Ah! quel saint personnage!
C'est le bienfaiteur du village.

DAME RAGONDE.
De grâce, parlons tous
L'un après l'autre.
LE COMTE.
Quel désir est le vôtre?
Que me demandez-vous ?
LE CHOEUR.
Parlons l'un après l'autre.
Silence ! taisez-vous.
UN PAYSAN.
Moi, je réclame
Pour que ma femme
Dans mon ménage
Soit toujours sage.
LE COMTE.
C'est bien, c'est bien.

ALICE.
J'ai tant d'envie
Qu'on me marie
Au beau Julien !
LE COMTE.
C'est bien, c'est bien.
DAME RAGONDE.
Moi, je demande
Faveur bien grande,
Qu'aujourd'hui même
L'époux que j'aime
Ici revienne
Finir ma peine ;
Que je l'obtienne,
C'est mon seul bien.
LE COMTE, à part.
Qu'un bon ermite
Qu'on sollicite,
Qu'un bon ermite
A de mérite !
(Se retournant vers les jeunes filles.)
Jeune fillette,
Et bachelette,
Dans ma retraite
Venez me voir.
RAIMBAUD.
Vous l'entendez, il faut le suivre à l'ermitage.
Rendez hommage
A son pouvoir.
TOUS, entourant le comte.
Moi, moi, moi, bon ermite,
Je sollicite
Faveur bien grande,
Et je demande
De la tendresse,
De la jeunesse,
De la richesse,
Exaucez-nous.
Tout le village
Vous rend hommage...
A l'ermitage
Nous irons tous.

(Le comte remonte à son ermitage, suivi de toutes les filles. — Dame Ragonde rentre au château. — Les paysans sortent par le fond.)

SCÈNE IV.

ISOLIER, LE GOUVERNEUR.

LE GOUVERNEUR.
Je ne puis plus long-temps voyager de la sorte.
ISOLIER.
Eh bien ! reposons-nous sous ces ombrages frais.
LE GOUVERNEUR.
Pourquoi m'avoir forcé de quitter notre escorte ?
Et m'amener ici ?

ISOLIER, à part, regardant à gauche.
J'avais bien mes projets...
Voilà donc le château de ma belle cousine !
Si je pouvais l'entrevoir... Quel bonheur !
Mais, loin de partager l'ardeur qui me domine,
Elle ferme à l'amour son castel et son cœur.
(Au gouverneur, qui s'est assis.)
Eh bien ! monsieur le gouverneur,
Reprenez-vous un peu courage ?
LE GOUVERNEUR.
Maudit emploi ! maudit message !
Monseigneur notre prince, auquel je suis soumis,
M'ordonne de chercher le comte Ory, son fils ;
Ce démon incarné, mon élève et mon maître,
Qui, sans mon ordre, de la cour,
S'est avisé de disparaître.
ISOLIER, à part.
Pour jouer quelque nouveau tour.
LE GOUVERNEUR.
On le disait caché dans ce séjour.
Comment l'y découvrir... comment le reconnaître ?
ISOLIER.
Vous devez tout savoir... D'être son gouverneur
N'avez-vous pas l'honneur ?
LE GOUVERNEUR.
Oui ! quel honneur !

AIR.

Veiller sans cesse,
Trembler toujours
Pour son Altesse
Et pour ses jours...
Du gouverneur
D'un grand seigneur
Tel est le profit et l'honneur.
Quel honneur d'être gouverneur !

A la guerre comme à la chasse,
Si quelque péril le menace,
Il faut partout suivre ses pas,
Dût-il me mener au trépas !

Veiller sans cesse,
Trembler toujours, etc.

Et s'il est épris d'une belle,
Il me faut courir après elle ;
Tout en lui faisant des sermons
Sur le danger des passions.

Veiller sans cesse,
Courir toujours
Pour son Altesse,
Ou ses amours.
Du gouverneur
D'un grand seigneur
Tel est le profit et l'honneur.
Quel honneur d'être gouverneur !

SCÈNE V.

Les Mêmes, Paysans, Paysannes, sortant de
l'ermitage.

CHOEUR.

O bon ermite!
Vous, notre appui,
Vous, notre ami,
Merci vous di.
O bon ermite!
Je veux partout faire savoir
  Son grand mérite,
  Et son pouvoir.
  Jeune fillette
  A, grâce à lui,
  Fortune faite,
  Et bon mari.
  O saint prophète,
  Soyez béni!
    Oui,
  Puissant prophète!
  Soyez béni!

LE GOUVERNEUR, à part, regardant les jeunes filles.
  Je vois paraître
  Minois joli;
  Ah! mon cher maître
  Doit être
  Près d'ici.

CHOEUR DE JEUNES FILLES, l'apercevant.
  Un étranger! Qui peut-il être?
  Un beau seigneur.
Pour le village, oh! quel honneur!

LE GOUVERNEUR, à part.
Ce respectable et bon ermite,
Dont chacun vante le mérite,
Malgré moi, dans mon âme excite
Un soupçon qui m'effraie ici.
  Lui qu'on adore,
  Lui qu'on implore,
  Serait-ce encore
  Le comte Ory?
Depuis quand cet ermite est-il dans le village?

ALICE.
Depuis huit jours, pas davantage.

LE GOUVERNEUR.
O ciel! en voilà tout autant
Qu'il est parti.
(Retenant Alice, qui reste la dernière.)
  Ma belle enfant,
Où pourrais-je le voir?

ALICE.
  Ici même... à l'instant.
Il va venir... madame la comtesse
A désiré le consulter.

ISOLIER.
  Vraiment!

ALICE.
Sur un mal inconnu qui l'accable et l'oppresse.

LE GOUVERNEUR et ISOLIER.
Merci, merci, ma belle enfant.

LE GOUVERNEUR.
Il doit donc venir dans l'instant?

ISOLIER.
Elle va venir dans l'instant!

LE GOUVERNEUR, à part.
Cette belle comtesse au regard séduisant!
Ceci me semble encore une preuve plus forte.
(A Isolier.)
Attendez-moi... je vais retrouver notre escorte.
(A part.)
  Puis ensemble nous reviendrons
Pour confirmer, ou bien dissiper mes soupçons.

SCÈNE VI.

ISOLIER, seul, regardant du côté du château.

Je vais revoir la beauté qui m'est chère...
Mais comment désarmer cette vertu si fière?
Comment en ma faveur la toucher aujourd'hui?
  Si cet ermite, ce bon père,
Voulait m'aider... Oh! non... ce serait trop hardi...
Allons!... ne suis-je pas page du comte Ory!

SCÈNE VII.

ISOLIER, LE COMTE ORY, en ermite.

ISOLIER.
Salut, ô vénérable ermite!

LE COMTE, à part, avec un geste de surprise.
C'est mon page!... sachons le dessein qu'il médite.
(Haut.)
Qui vers moi vous amène, ô charmant Isolier?

ISOLIER, à part.
Il me connaît!

LE COMTE.
  Tel est l'effet de ma science.

ISOLIER.
Un aussi grand savoir ne peut trop se payer.
(Lui donnant une bourse.)
Et cette offrande est bien faible, je pense.

LE COMTE, prenant la bourse.
N'importe... à moi vous pouvez vous fier.
  Parlez, parlez, beau page.

ACTE I, SCENE VIII.

DUO.

ISOLIER.
Une dame du haut parage
Tient mon cœur en un doux servage,
Et je brûle pour ses attraits.

LE COMTE.
Je n'y vois point de mal... après?

ISOLIER.
Je croyais avoir su lui plaire;
Et pourtant son cœur trop sévère
S'oppose à mes tendres souhaits.

LE COMTE.
Je n'y vois point de mal... après?

ISOLIER.
Et jusqu'au retour de son frère,
Qui des croisés suit la bannière,
Aucun amant, aucun mortel
Ne peut entrer dans ce castel.

LE COMTE, à part.
Celui de la comtesse... ô ciel!

ISOLIER.
Pour y pénétrer, comment faire?
J'avais bien un moyen fort beau;
Mais je le crois trop téméraire.

LE COMTE.
Parlez... parlez... beau jouvenceau.

ISOLIER.
Je voulais d'une pèlerine
Prenant la cape et le manteau,
M'introduire dans ce château.

LE COMTE.
Bien! bien!... le moyen est nouveau.
(A part.)
On peut s'en servir, j'imagine.
(Au page.)
Noble page du comte Ory,
Serez un jour digne de lui!

ENSEMBLE.

LE COMTE, à part.
Voyez donc, voyez donc le traître!
Oser jouter contre son maître!
Mais je le tiens; et l'on verra
Qui de nous deux l'emportera.

ISOLIER, à part.
A l'espoir je me sens renaître:
Ce moyen est un coup de maître...
Oui, je le tiens; et vois déjà
Que son pouvoir me servira.

ISOLIER.
Mais d'abord ce projet réclame
Vos soins, pour être exécuté.

LE COMTE.
Comment?

ISOLIER.
Par cette noble dame
Vous allez être consulté.

LE COMTE, à part.
C'est qu'il sait tout, en vérité.

ISOLIER.
Dites-lui que l'indifférence
Cause, hélas! son tourment fatal.

LE COMTE.
J'entends, j'entends... ce n'est pas mal.

ISOLIER.
Et pour guérir à l'instant même,
Dites-lui... qu'il faut qu'elle m'aime.

LE COMTE.
J'entends, j'entends... ce n'est pas mal.
Je lui dirai qu'il faut qu'elle aime.
(A part.)
Mais un autre que mon rival.

ISOLIER.
Dites-lui bien qu'il faut qu'elle aime.

LE COMTE.
Noble page du comte Ory,
Serez un jour digne de lui!

ENSEMBLE.

LE COMTE.
Voyez donc, voyez donc le traître!
Oser jouter contre son maître!
Mais je le tiens; et l'on verra
Qui de nous deux l'emportera.

ISOLIER.
A l'espoir je me sens renaître:
Ce moyen est un coup de maître.
Oui, je le tiens; je vois déjà
Que son pouvoir me servira.

SCÈNE VIII.

LES MÊMES, LA COMTESSE, DAME RAGONDE, TOUTES LES FEMMES, sortant du château; dans le fond, PAYSANS et PAYSANNES, VASSAUX DE LA COMTESSE. — Marche, etc.

LA COMTESSE, apercevant Isolier.
Isolier dans ces lieux!

ISOLIER.
Sur le mal qui m'agite
Je venais consulter aussi le bon ermite.

LE COMTE.
Je dois à tous les malheureux
Mes conseils et mes vœux.

AIR.

LA COMTESSE, s'approchant du comte Ory.
Une lente souffrance
Me consume en silence;

Et ma seule espérance
Est la tombe où j'avance,
Sans peine et sans plaisir ;
Et de mon âme émue
Je voudrais et ne puis bannir
Cette langueur qui me tue.
O peine horrible !
Vous que l'on dit sensible,
Daignez, s'il est possible,
Guérir le mal terrible
Dont je me sens mourir !

ISOLIER et LE CHŒUR.
Ah ! par votre science
Dissipez sa douleur.

LA COMTESSE.
Faut-il mourir de ma souffrance ?

LE CHŒUR.
Ah ! que votre puissance
Lui rende le bonheur !

ISOLIER, à part, au comte.
Vous avez entendu sa touchante prière !
Voici le vrai moment, parlez pour moi, bon père !

LE COMTE, à la comtesse.
Je puis guérir vos maux,
Si vous croyez à ma science :
Ils viennent de l'indifférence
Qui laissait votre cœur dans un fatal repos.
Et, pour renaître à l'existence,
Il faut aimer : formez de nouveaux nœuds.

LA COMTESSE.
Hélas ! je ne le peux.
Naguère encor d'un éternel veuvage
Mon cœur fit le serment.

LE COMTE.
Le ciel vous en dégage.
Il ordonne que de vos jours
La flamme se rallume au flambeau des amours.

LA COMTESSE.
Surprise extrême !
Le ciel lui-même
Vient par sa voix me ranimer !
(A part.)
Toi, pour qui je soupire,
Toi, cause d'un martyre
Que je n'osais exprimer,
Isolier, je puis donc t'aimer !
Je puis t'aimer et te le dire !
Ah ! bon ermite, que mon cœur
Vous doit de reconnaissance !
Par vos talens, votre science,
Vous m'avez rendu le bonheur.

ISOLIER et LE CHŒUR, à part.
Oui, sa douce parole
Semble la ranimer ;
Le mal qui la désole
Commence à se calmer.

LE CHŒUR.
Les belles affligées
Par lui sont protégées...
Par lui, par ses discours,
Les belles affligées
Se consolent toujours.

ISOLIER, bas, au comte.
C'est bien... je suis content.

LE COMTE.
Encore un mot, de grâce.
(A demi-voix.)
D'un grand péril qui vous menace
Je dois vous avertir... Il faut vous défier...

LA COMTESSE.
De qui ?

LE COMTE, à voix basse.
De ce jeune Isolier.

LA COMTESSE.
O ciel !

LE COMTE, de même.
Songez qu'il est le page
De ce terrible comte Ory,
Dont les galans exploits... Mais ici... devant lui,
Je n'oserais en dire davantage.
Entrons dans le castel.

LA COMTESSE.
Mon cœur en a frémi !
(Au comte.)
Venez, ô mon sauveur !... ô mon unique appui !

(Elle prend le comte par la main, et va l'entraîner dans le château. — Toutes les dames les suivent. — Le comte Ory a déjà le pied sur le pont-levis, et en raillant Isolier, fait un geste de joie. — En ce moment entre le gouverneur, suivi de tous les chevaliers de son escorte.)

SCÈNE IX.

LES MÊMES, LE GOUVERNEUR,
CHEVALIERS, etc.

LES CHEVALIERS et LE GOUVERNEUR.
Nous saurons bien le reconnaître.
Avançons...
(Apercevant Raimbaud qui est en paysan.)
Qu'ai-je vu !... c'est Raimbaud,
Le confident, l'ami de notre maître !

RAIMBAUD.
Taisez-vous donc, ne dites mot.

LE GOUVERNEUR.
Plus de doute, plus de mystère,
(Montrant l'ermite.)
C'est monseigneur ! c'est lui !

LE COMTE, à voix basse.
Misérable ! crains ma colère.

TOUS LES CHEVALIERS, s'inclinant.
C'est le comte Ory !

ACTE II, SCÈNE I.

TOUTES LES FEMMES, s'éloignant avec effroi et se réfugiant dans un coin.
Le comte Ory!
LES PAYSANS, s'avançant avec indignation.
Le comte Ory!
LE COMTE.
Eh bien! oui... le voici.
QUATUOR DICESIMO.
LA COMTESSE.
Ciel! ô terreur! ô trouble extrême!
Quel indigne stratagème!
Mon cœur
En frémit d'horreur.
LE COMTE, bas, à Raimbaud.
O dépit extrême!
Lorsque j'étais sûr du succès,
C'est notre gouverneur lui-même
Qui vient déjouer mes projets.
LE GOUVERNEUR.
Pour vous, et de la part d'un père qui vous aime
J'apporte cet écrit qu'il remit à ma foi.
Lisez.
LE COMTE.
Eh! lis toi-même;
D'un chevalier est-ce l'emploi?
LE GOUVERNEUR, lisant.
« La croisade est finie;
» Et dans notre patrie
» Tous nos preux chevaliers vont bientôt revenir. »
TOUTES LES FEMMES, avec joie.
La croisade est finie,
Et dans notre patrie
Tous nos maris vont enfin revenir.
LE GOUVERNEUR, lisant. [nore,
» Mon fils, pour mieux fêter des guerriers que j'ho-
» Je veux qu'auprès de moi vous brilliez à ma cour...
» Mais venez... hâtez-vous; car la deuxième aurore
» Peut-être dans ces lieux les verra de retour. »
ENSEMBLE.
CHŒUR DE FEMMES.
Quoi! demain?... ô bonheur extrême!

Nos maris vont revenir!
LE COMTE.
Quoi! demain?... ô dépit extrême!
Leurs maris vont revenir!
RAIMBAUD, bas.
Oui, monseigneur, il faut partir;
A votre père il faut obéir.
LE COMTE.
Il n'est pas temps... un dernier stratagème
Peut encor nous servir.
RAGONDE et LES FEMMES, au comte Ory.
Adieu, vous dis, ô noble comte,
Soyez plus heureux désormais.
LE COMTE, à part.
Sachons venger ma honte
Par de nouveaux succès.
(Bas, à Raimbaud.)
Un jour encor nous reste,
Sachons en profiter.
RAIMBAUD, bas.
Quoi! ce retour funeste...
LE COMTE.
Ne saurait m'arrêter.
ENSEMBLE.
LE COMTE et SES COMPAGNONS.
Beauté qui ris de ma souffrance,
Bientôt nous nous reverrons;
Je veux qu'une douce vengeance
Vienne réparer mes affronts.
LA COMTESSE et SES FEMMES.
Mon cœur renaît à l'espérance.
Le ciel, que nous implorons,
Saurait encor, dans sa clémence,
Nous soustraire à d'autres affronts.
ISOLIER, montrant le comte Ory.
Observons tout avec prudence;
Suivons ses pas, et voyons
Si par quelque autre extravagance
Il songe à venger ses affronts.

※※※※※※※※※※※※※※※※※※※※※※※※※※※

ACTE DEUXIÈME.

Le théâtre représente la chambre à coucher de la comtesse. — Deux portes latérales. — Porte au fond. — A gauche, un lit de repos; et une table, sur laquelle brûle une lampe. — A droite, une croisée sur le premier plan.

SCÈNE I.

LA COMTESSE, DAME RAGONDE, DAMES DE LA SUITE DE LA COMTESSE, groupées différemment, et occupées à des ouvrages de femmes.

LE CHŒUR.
Dans ce séjour calme et tranquille

S'écoulent nos jours innocens;
Et nous bravons dans cet asile
Les entreprises des méchans.
LA COMTESSE, assise et brodant une écharpe
Je tremble encore quand j'y pense:
Quel homme que ce comte Ory!
De la vertu, de l'innocence,
C'est le plus terrible ennemi.

DAME RAGONDE.
C'est le nôtre... Dieu ! quelle audace !
D'un saint homme prendre la place !
Et me promettre mon mari !
LA COMTESSE.
Par bonheur, nous pouvons sans crainte
Le défier dans cette enceinte,
Qui nous protége contre lui.
ENSEMBLE.

Dans ce séjour calme et tranquille
S'écoulent nos jours innocens ;
Et nous bravons dans cet asile
Les entreprises des méchans.
(L'orage, qui a commencé à gronder pendant la reprise du chœur précédent, se fait entendre en ce moment avec plus de force.)
TOUTES, effrayées.
Écoutez !... le ciel gronde.
LA COMTESSE.
Oui, la grêle et la pluie
Ébranlent les vitraux de ce noble castel.
DAME RAGONDE.
Nous sommes à l'abri..., que je rends grâce au ciel !
LA COMTESSE.
Et moi, lorsque l'orage éclate avec furie,
Au fond du cœur combien je plains
Le sort des pauvres pèlerins !
(En ce moment, on entend chanter en dehors, au dessous de la croisée à droite.)
Noble châtelaine
Voyez notre peine ;
Et dans ce domaine,
Dame de beauté,
Pour fuir la disgrâce
Dont on nous menace,
Donnez-nous par grâce
L'hospitalité.
LA COMTESSE.
Voyez qui ce peut être, et qui frappe à cette heure.
Jamais le malheureux qui vient nous supplier
N'a de cette antique demeure
Imploré vainement le toit hospitalier.
(Dame Ragonde sort. — La comtesse et les autres dames chantent le chœur suivant ; et, en même temps, on reprend en dehors celui qu'on a déjà entendu. — L'orage redouble.)

ENSEMBLE.

LES FEMMES.
Grand Dieu ! dans ta bonté suprême,
Apaise cet orage affreux !
En ce moment l'époux que j'aime
Est peut-être aussi malheureux.
LA COMTESSE.
Grand Dieu ! dans ta bonté suprême,
Apaise cet orage affreux !
En ce moment celui que j'aime
Est peut-être aussi malheureux.

CHOEUR DES CHEVALIERS.
Noble châtelaine,
Voyez notre peine ;
Et dans ce domaine,
Dame de beauté,
Pour fuir la disgrâce
Dont on nous menace,
Donnez-nous par grâce
L'hospitalité.

SCÈNE II.

LES MÊMES, DAME RAGONDE.

DAME RAGONDE, d'un air agité.
Quand tomberont sur lui les vengeances divines ?
Quelle horreur !
TOUTES.
Qu'avez-vous ?
DAME RAGONDE.
Dieu ! quel crime inouï !
LA COMTESSE.
Mais qu'est-ce donc ?
DAME RAGONDE.
Encore un trait du comte Ory.
De malheureuses pèlerines
Qui, fuyant sa poursuite, et cherchant un abri,
Pour la nuit seulement demandent un asile.
LA COMTESSE.
Que nos secours leur soient offerts !
DAME RAGONDE.
J'ai prévenu vos vœux ! ce soin m'était facile.
On aime à compatir aux maux qu'on a soufferts.
LA COMTESSE.
Ces dames sont-elles nombreuses ?
DAME RAGONDE.
Quatorze.
LA COMTESSE.
C'est beaucoup !
DAME RAGONDE.
Mais quel air ! quel maintien !
LA COMTESSE.
Leur âge ?
DAME RAGONDE.
Quarante ans.
LA COMTESSE.
Leurs figures ?
DAME RAGONDE.
Affreuses !
Ce comte Ory n'a peur de rien.
Je les ai fait entrer au parloir en silence.
Elles tremblaient encor de froid et de frayeur.
L'une d'elles pourtant, dans sa reconnaissance,

ACTE II, SCENE III.

De vous voir un instant demande la faveur.
Mais c'est elle, je pense :
Elle approche.
LA COMTESSE.
C'est bien.
Laissez-nous un instant.
DAME RAGONDE, au comte Ory, qui paraît en pèlerine, et les yeux baissés.
Entrez... ne craignez rien.
(Toutes les dames sortent.)
LA COMTESSE.
Ragonde avait raison, quel modeste maintien !

SCÈNE III.

LA COMTESSE, LE COMTE.

DUO.

LE COMTE.
Ah ! quel respect, madame,
Pour vos vertus m'enflamme :
Souffrez que de mon âme
J'exprime ici l'ardeur !
Nous vous devons l'honneur.
LA COMTESSE.
Je suis heureuse et fière
D'avoir d'un téméraire
Déjoué les projets !
Je suis heureuse et fière
D'avoir à sa colère
Dérobé tant d'attraits !
LE COMTE.
Ah ! dans mon cœur charmé de tant de grâce,
Ne craignez pas que rien n'efface
Le souvenir de vos bienfaits.
(Prenant sa main.)
Par cette main, je le jure à jamais.
LA COMTESSE.
Que faites-vous ?
LE COMTE.
De ma reconnaissance
Quoi ! l'excès vous offense !
Ah ! sans votre assistance,
Hélas ! lorsque j'y pense...
Quel était notre sort !...
Je tremble encor !
LA COMTESSE, avec bonté, et lui tendant la main.
Calmez le trouble de votre âme.
LE COMTE, pressant sa main sur ses lèvres.
Ah ! madame !
LA COMTESSE, souriant.
Quel excès de frayeur !
LE COMTE.
Il fait battre mon cœur.

Duo parodié.
LE COMTE ORY.

ENSEMBLE.
LA COMTESSE.
Ah ! vous pouvez sans crainte
Braver le comte Ory.
Ici, dans cette enceinte,
On peut rire de lui.
LE COMTE, à part.
Même dans cette enceinte,
Craignez le comte Ory.
LE COMTE.
On le dit téméraire.
LA COMTESSE.
Je brave sa colère.
LE COMTE.
On prétend qu'il vous aime.
LA COMTESSE.
Lui !... Quelle audace extrême !
LE COMTE.
A vos genoux,
S'il implorait sa grâce,
Madame, que feriez-vous ?
LA COMTESSE.
D'une pareille audace
La honte et le mépris
Seraient le prix.

ENSEMBLE.

Le téméraire
Qui croit nous plaire,
En vain espère
Être vainqueur ;
Moi, je préfère
L'amant sincère
Qui sait nous taire
Sa tendre ardeur.
Mais on doit rire
Du faux délire
D'un séducteur.
LE COMTE.
Beauté si fière,
Prude sévère,
Bientôt j'espère
Toucher son cœur ;
Je ris d'avance
De sa défense ;
La résistance
Est de rigueur...
Puis l'heure arrive
Où la captive,
Faible et plaintive,
Cède au vainqueur.
LA COMTESSE.
Voici vos compagnes fidèles.
LE COMTE.
Je les entends... ce sont eux...
(Se reprenant.)
Ce sont elles !

(A part, et regardant le fond.)
Mes chevaliers ! sous ces humbles habits !
LA COMTESSE, montrant une table qu'on a apportée
à la fin du duo.
J'ordonne qu'on vous serve et du lait et des fruits.
LE COMTE.
Quelle bonté céleste !
(Il baise avec respect la main de la comtesse, qui sort
en le regardant avec intérêt. — Le comte la suit
quelque temps des yeux ; puis il dit, en montrant la
table.)
L'ordinaire est frugal et le repas modeste
Pour d'aussi nobles appétits.

SCÈNE IV.

LE COMTE, LE GOUVERNEUR, ONZE CHEVALIERS. — Ils sont vêtus d'une pèlerine qui est entr'ouverte, et laisse apercevoir leurs habits de chevaliers.

LE CHOEUR.
Ah ! la bonne folie !
C'est charmant, c'est divin !
Le plaisir nous convie
A ce joyeux festin.
LE COMTE.
L'aventure est jolie,
N'est-il pas vrai... monsieur mon gouverneur ?
LE GOUVERNEUR.
Je pense comme monseigneur.
Mais si le duc...
LE COMTE.
Mon père...
LE GOUVERNEUR.
Apprend cette folie,
Ma place m'est ravie !
Il faudra prendre garde.
LE COMTE.
Eh ! mais, c'est ton emploi ;
Tu veilleras pour nous, et nous rirons pour toi.
Rien ne nous manquera, je pense ;
Car sagement j'ai su choisir
Mes compagnons, pour le plaisir,
Mon gouverneur, pour la prudence.
LE GOUVERNEUR.
Qui peut vous inspirer pareille extravagance ?
LE COMTE.
C'est mon page Isolier... mon rival.
LE GOUVERNEUR.
L'imprudent !
LE COMTE.
Qui, ne connaissant point l'objet de ma tendresse,
M'a suggéré lui-même un tel déguisement,
Pour mieux enlever sa maîtresse.
LE GOUVERNEUR.
Et le ciel le punit.

LE COMTE.
En me récompensant.
LE CHOEUR.
Oh ! la bonne folie !
C'est charmant, c'est divin !
Le plaisir nous convie
A ce joyeux festin.
(Ils se mettent à table.)
LE GOUVERNEUR.
Eh ! mais quelle triste observance !
Rien que du laitage et des fruits.
LE COMTE.
C'est le repas de l'innocence,
Mesdames.
LE GOUVERNEUR.
Point de vin !...

SCÈNE V.

LES MÊMES, RAIMBAUD, tenant un panier sous son manteau de pèlerine.

RAIMBAUD.
En voici, mes amis.
TOUS, se levant.
C'est Raimbaud !
RAIMBAUD.
En héros, j'ai tenté l'aventure.
Et je viens avec vous partager ma capture

AIR.

Dans ce lieu solitaire,
Propice au doux mystère,
Moi qui n'ai rien à faire,
Je m'étais endormi.
Dans mon âme indécise,
Certain goût d'entreprise
Que l'exemple autorise
Vient m'éveiller aussi.
C'est le seul moyen d'être
Digne d'un pareil maître,
Et je veux reconnaître
Ce manoir en détail !
Je pars... je m'oriente ;
A mes yeux se présente
Une chambre élégante,
C'est celle du travail.
Une harpe jolie,..
De la tapisserie ;
Près d'une broderie
J'aperçois un roman !
Même en une chambrette,
J'ai, dans une cachette,
Cru voir l'historiette
Du beau Tiran-le-Blanc!
Marchant à l'aventure

ACTE II, SCÈNE VII.

Sous une voûte obscure,
Je vois une ouverture...
C'est un vaste cellier,
Dont l'étendue immense
Et la bonne apparence
Attestaient la prudence
Du sir de Formoutier.
Arsenal redoutable,
Qui fait qu'on puise à table
Un courage indomptable
Contre le Sarrasin.
Armée immense et belle,
D'une espèce nouvelle,
Plus à craindre que celle
Du sultan Saladin...
Près des vins de Touraine,
Je vois ceux d'Aquitaine;
Et ma vue incertaine
S'égare en les comptant.
Là, je vois l'Allemagne;
Ici, brille l'Espagne;
Là, frémit le champagne
Du joug impatient.
J'hésite... ô trouble extrême!
O doux péril que j'aime!
Et seul, avec moi-même,
Contre tant d'ennemis,
Au hasard, je m'élance
Sans compter, je commence,
J'attaque avec vaillance
A la fois vingt pays.
   Quelle conquête
  Pour moi s'apprête!...
  Mais je m'arrête,
  J'entends du bruit.
  Quelqu'un s'avance,
  Vers moi s'élance;
  On me poursuit.
Les échos en frémissent,
Les voûtes retentissent,
Et moi, je fuis soudain.
  Mais que m'importe!
  Gaîment j'emporte
Toute ma gloire et mon butin.
TOUS, ôtant les bouteilles du panier.
  Partageons son butin!...
  Qu'il avait de bon vin,
  Le seigneur châtelain!
  Pendant qu'il fait la guerre
  Au Turc, au Sarrasin,
  A sa santé si chère
  Buvons ce jus divin;
Buvons, buvons jusqu'à demain.
  Quelle douce ambroisie!
  Célébrons tour à tour
  Le vin et la folie,
  Le plaisir et l'amour.

LE COMTE.
On vient.... c'est la tourière!...
Silence! taisez-vous!
Mettez-vous en prière,
Ou bien c'est fait de nous.

SCÈNE VI.

LES MÊMES, DAME RAGONDE, traversant le théâtre, et examinant si les pèlerines n'ont besoin de rien.

TOUS LES CHEVALIERS, fermant leurs pèlerines, et cachant leur bouteille, sans avoir l'air de voir Ragonde.
  Modèle d'innocence
  Et de fidélité,
  Que le ciel récompense
  Votre hospitalité!
  Ah! que le ciel vous récompense!
(Ragonde les regarde d'un air attendri, lève les yeux au ciel et s'éloigne.)

RAIMBAUD.
Elle a disparu.
Réparons bien le temps perdu.

LE GOUVERNEUR.
De crainte encore peut-être
Qu'on arrive soudain,
Faisons bien disparaître
Les traces du butin.
        (Il boit.)

TOUS.
Buvons, buvons soudain!...
Qu'il avait de bon vin
Le seigneur châtelain!
Pendant qu'il fait la guerre
Au Turc, au Sarrasin,
A sa santé si chère
Buvons, buvons jusqu'à demain.
Quelle douce ambroisie!
Célébrons tour à tour
Le vin et la folie,
Le plaisir et l'amour.

LE COMTE.
Mais on vient encore... silence!

SCÈNE VII.

LES MÊMES, LA COMTESSE, DAME RAGONDE, PLUSIEURS FEMMES, portant des flambeaux.

TOUS, feignant de ne pas les voir.
Modèles d'innocence
Et de fidélité,

Que le ciel récompense
Votre hospitalité !
LA COMTESSE, à part aux autres femmes.
Quel doux ravissement !... combien je les admire !
(Haut.)
Du repos voici le moment ;
Que chacune de vous, mesdames, se retire
Dans son appartement ;
LE COMTE.
Adieu, noble comtesse... ah ! si le ciel m'entend,
Bientôt viendra l'instant peut-être,
Où pourrai vous faire connaître
Ce qu'éprouve pour vous mon cœur reconnaissant.
TOUS.
Modèle d'innocence
Et de fidélité,
Que le ciel récompense
Votre hospitalité !
(Le comte et les chevaliers prennent des flambeaux
des mains des dames, et se retirent.)

SCÈNE VIII.

LA COMTESSE, DAME RAGONDE, QUELQUES AUTRES DAMES.

LA COMTESSE, commençant à défaire son voile.
Oui, c'est une bonne œuvre, et qui, dans notre zèle,
(Écoutant.)
Doit nous porter bonheur. On sonne à la tourelle.
Qui vient encore ?
DAME RAGONDE, regardant par la fenêtre.
Un page.
LA COMTESSE.
Un page dans ces lieux,
Dont l'enceinte est par nous aux hommes inter-
Je veux savoir quel est l'audacieux... [dite !..

SCÈNE IX.

LES MÊMES, ISOLIER, et LES AUTRES FEMMES.

ISOLIER.
C'est moi, belle cousine, et point je ne mérite
Le fier courroux qui brille en vos beaux yeux.
LA COMTESSE.
Qui vous amène ici ?
ISOLIER.
Le duc mon maître.
Il m'a chargé de vous faire connaître
Que les preux chevaliers.
DAME RAGONDE.
Parlez, mon cœur frémit.

ISOLIER.
Qu'on attendait demain, arrivent cette nuit.
TOUTES.
Quoi ! nos maris... bonté divine !...
ISOLIER.
Seront de retour à minuit.
Oui, dans l'ardeur qui les domine,
Ils veulent, en secret, vous surprendre ce soir.
TOUTES.
Ah ! cet heureux retour comble tout notre espoir !
ISOLIER.
Le duc le croit aussi ; mais il pense en son âme
Qu'un mari bien prudent prévient toujours sa
[femme.
Un bonheur trop subit peut être dangereux.
DAME RAGONDE.
Quoi ! nos maris enfin reviennent en ces lieux !
Ah ! le ciel le devait à nos vives tendresses.
Je cours en prévenir nos aimables hôtesses.
ISOLIER, l'arrêtant.
Et qui donc ?
DAME RAGONDE.
Quatorze vertus...
Que le comte Ory, votre maître,
Poursuivait.
ISOLIER.
De terreur tous mes sens sont émus.
Achevez... ce sont peut-être
Des pèlerines ?
DAME RAGONDE.
Oui, vraiment.
ISOLIER.
C'est fait de nous... Sous ce déguisement,
Vous avez accueilli le comte Ory lui-même,
Et tous ses chevaliers.
TOUTES.
O ciel !
LA COMTESSE.
Terreur extrême !
DAME RAGONDE.
Que dire à mon mari, trouvant en ses foyers
Sa chaste épouse avec quatorze chevaliers ?
TOUTES.
Hélas ! à quel péril sommes-nous réservées !
ISOLIER.
Une heure seulement, et vous êtes sauvées.
On va nous secourir... il faut gagner du temps.
TOUTES.
Hélas ! hélas ! je tremble !
LA COMTESSE.
Plus terrible à lui seul que les autres ensemble,
Le comte Ory... le voici... je l'entends.
(Toutes les dames s'enfuient en poussant un grand cri.
—Isolier va souffler la lampe qui est sur le guéridon,
puis, s'enveloppant du voile que la comtesse vient de
quitter, il se place sur le canapé, et fait signe à la
comtesse de s'approcher de lui.)

ACTE II, SCÈNE X.

LA COMTESSE.
D'effroi je suis toute saisie.
ISOLIER.
Dame tant chérie!
Ame de ma vie!
Ne craignez rien, je suis auprès de vous.

SCÈNE X.

ISOLIER, assis sur le canapé; LA COMTESSE, debout, s'appuyant près de lui; LE COMTE, sortant de sa chambre.
(La nuit est complète.)

TRIO.

LE COMTE.
A la faveur de cette nuit obscure,
Avançons-nous, et sans la réveiller.
Il faut céder au tourment que j'endure;
Amour me berce, et ne puis sommeiller.

ENSEMBLE.

LA COMTESSE.
Ah! sa seule présence
Fait palpiter mon cœur;
La nuit et le silence
Redoublent ma frayeur.

ISOLIER.
De crainte et d'espérance
Je sens battre mon cœur.
La nuit et le silence
Redoublent son erreur.

LE COMTE.
D'amour et d'espérance
Je sens battre mon cœur;
Et sa seule présence
Est pour moi le bonheur.

ISOLIER, bas, à la comtesse.
Parlez-lui.
LA COMTESSE.
Qui va là?
LE COMTE.
C'est moi; c'est sœur Colette,
Seule, et dans cette chambre où je ne peux dormir,
Tout me trouble et tout m'inquiète.
J'ai peur... permettez-moi... près de vous...
ISOLIER et LA COMTESSE, à part.
Ah! quelle perfidie!
LE COMTE, avançant près d'Isolier.
O momens pleins de charmes!
Quand on est deux, on a moins peur.
ISOLIER, à part.
Oui, lorsque l'on est deux.

LE COMTE, prenant la main d'Isolier.
Ah! je n'ai plus d'alarmes.
LA COMTESSE.
Que faites-vous?
LE COMTE, pressant la main d'Isolier.
Pour moi, plus de frayeur!
Quand cette main est sur mon cœur.
LA COMTESSE, à part, et riant.
Il presse ma main sur son cœur.
ISOLIER, bas, à la comtesse.
Beauté sévère,
Laissez-le faire;
Son bonheur ne vous coûte rien.
LE COMTE, à part.
Grand Dieu! quel bonheur est le mien!
ENSEMBLE.

LE COMTE.
D'amour et d'espérance
Je sens battre mon cœur;
Amour, par ta puissance,
Achève mon bonheur.

LA COMTESSE.
Ah! sa seule présence
Fait palpiter mon cœur;
La nuit et le silence
Redoublent ma frayeur.

ISOLIER.
De crainte et d'espérance
Je sens battre mon cœur;
Sachons avec prudence
Prolonger son erreur.

LA COMTESSE.
Maintenant, je vous en supplie,
Sœur Colette, rentrez chez vous.
LE COMTE, à Isolier.
Vous quitter... c'est perdre la vie...
Oui, je demeure à vos genoux.
LA COMTESSE, à part.
Je tremble...
(Haut.)
O ciel! que faites-vous?
LE COMTE.
Sachez le feu qui me dévore!
C'est un amant qui vous implore.
LA COMTESSE.
Ah! grand Dieu, quelle trahison!
LE COMTE.
L'amour qui trouble ma raison
Doit me mériter mon pardon.
(A Isolier, qui veut se lever.)
Ne m'ôtez point, je la réclame,
Cette main, que ma vive flamme...
LA COMTESSE.
Ah! comme vous me pressez!
Laissez-moi.
LE COMTE, embrassant Isolier.
Vrai Dieu! madame,
Peut-on vous aimer assez!

(En ce moment, on entend sonner la cloche ; et un bruit de clairons retentit à la porte du château. — Les femmes de la comtesse se précipitent dans l'appartement, en tenant des flambeaux.)

LE COMTE.
O ciel ! quel est ce bruit ?

ISOLIER, jetant son voile.
L'heure de la retraite.
Car il faut partir, monseigneur.

LE COMTE, le reconnaissant.
C'est mon page Isolier !

ISOLIER.
Celui que sœur Colette
Embrassait avec tant d'ardeur.

LE COMTE.
Je suis trahi ! crains ma colère !

ISOLIER.
Craignez celle de mon père !
Il arrive dans ce castel.
Entendez-vous ces cris de joie ?

LE COMTE.
O ciel !

SCÈNE XI.

Les Mêmes, le GOUVERNEUR, RAIMBAUD Compagnons du comte Ory, en habit de chevaliers, et paraissant à la grille à droite.

LE CHOEUR.
Ah ! quelle perfidie !
Nous sommes tous
Sous les verroux ;
Délivrez-nous !

LE COMTE.
Je suis captif ainsi que vous.

LA COMTESSE.
Vous qui faites la guerre aux femmes,
Vous voilà donc nos prisonniers !

LE COMTE.
Oui, nous sommes vaincus ! à vos pieds, nobles dames,
Je demande merci pour tous mes chevaliers.
Pour leur rançon qu'exigez-vous ?

LA COMTESSE.
Un gage.
Votre départ... évitez le courroux
De nos maris.

ISOLIER.
Par un secret passage
Je vais guider vos pas, et votre page
Fermera la porte sur vous.

LE COMTE.
C'est lui qui nous a joués tous.

LA COMTESSE.
Écoutez ces chants de victoire...
Ce sont de braves chevaliers
Que l'amour ainsi que la gloire
Ont ramenés dans leurs foyers.

LE COMTE et SES COMPAGNONS.
A l'hymen cédons la victoire,
Et qu'il rentre dans ses foyers.
Quittons ces lieux hospitaliers.

(Isolier ouvre à gauche une porte secrète, par laquelle le comte Ory et ses chevaliers disparaissent. — En ce moment s'ouvrent les portes du fond. — Le duc et les chevaliers revenant de la Palestine entrent, précédés de leurs écuyers, qui portent des étendards et des faisceaux d'armes. — Dame Ragonde et les autres femmes se précipitent dans les bras de leurs maris, et la comtesse dans ceux de son frère ; puis Isolier va baiser la main du comte de Formoutiers, qui le relève et l'embrasse pendant le chœur suivant.)

LE CHOEUR.
Honneur aux fils de la victoire,
Honneur aux braves chevaliers,
Que l'amour ainsi que la gloire
Ont ramenés dans leurs foyers !

RAGONDE, à son mari.
Seules, dans ce séjour, nous vivions d'espérance,
Attendant le retour de nos preux chevaliers !
Et nous n'avons reçu, pendant cinq ans d'absence,
Aucun homme en ces lieux.

ISOLIER, aux maris.
Vous êtes les premiers.

LE CHOEUR.
Honneur aux fils de la victoire,
Honneur aux braves chevaliers,
Que l'amour ainsi que la gloire
Ont ramenés dans leurs foyers !

FIN.

Paris. — Imprimerie française et espagnole de Dubuisson et Ce, rue Coq-Héron, 5.

Title	Price	Title	Price	Title	Price	Title	Price	Title	Price
Mademoiselle Desgarcins, vaud., 1 a.	60	Muette de Portic. (la) gr. opéra, 5 actes	1 fr.	Polotais (les), v., 2 a.	30	Serment de collège (le), v., 1 a.	30	Une visite nocturne, v., 1 a.	60
Mademoiselle Nichon vaud., v., 1 a.	30	Mystères de Paris (les), drame, 5 actes.	60	Poireau (le), v., 1 act.	60	Sermens (les), coméd., 3 a.	30	Vagabond (le), drame, 5 a.	60
Mademoiselle de R. sc., com., 2 a.	60	Mystères de Passy (les), parodie en 14 tabl.	60	Popularité (la), coméd., 5 actes.	60	Shérif (le), op.-com., 3 a.	60	Va en vire, v., 2 a.	60
Magasin de la graine de lin (le), vaud., 1 a.	60	Nanon, Ninon et Maintenon, v., 3 actes	60	Portrait vivant. c., 5 a.	60	Sirène (la), op.-com., 3 a.	1 fr.	Valérie, v., 5 a.	60
Main de Fer (la) opér.-com., 3 a.	60	Napoléon, dr., 9 tabl.	60	Postillon de Franc-Comtois (le), v., 2 actes.	60	Sirène (la), op.-com., 3 a.	60	Veau d'or (le), v., 2 a.	60
Maison en loterie (la), vaud., 1 a.	30	Naufrage de la Méduse (le), op.-com., 4 act.	60	Poupée (la), vaud., 1 a.	30	Six degrés du crime, dr., 3 a.	6	Vêpres (les) siciliennes trag., 5 a.	60
Maîtresse de Poète (la), vaud., 1 a.	30	Naufrageurs (les), dr., 3 actes	60	Pourquoi ? v., 1 a.	30	Soldat de la Loire (le), dr., 1 a.	30	Verre d'eau (le), c., 5 a.	60
Malheurs d'un Amant heureux (les), v., 2 a.	60	Neige (la), op.-com., 4 actes.	60	Pré-aux-Clercs, op.-c., 3 actes	50	Soldat laboureur (le), vaud., 1 a.	60	Vert-vert, v., 3 a.	63
Malheurs d'un garçon (les), vaud., 1 a.	30	Nicolas Nickleby, dr., com., 5 actes.	60	Précepteur à vingt ans v., 1 a.	60	Sophie Arnould, vaud., 1 a.	30	Veuve de la Grande armée (une), dr.-v., 1 a.	60
Mal Note dans l' quartier, vaud., 1 a.	30	Ninon chez Madame de Sévigné, op.-c., 1 a.	30	Première affaire (la), com., 5 actes.	60	Sophie Arnould, vaud., 3 a.	60	Victorine, dr., 5 a.	60
Ma n... vaud., 1 a. 2	30	Nouveau Pourceaugnac (le), vaud., 1 acte.	50	Premières amours (les), vaud., 1 acte.	30	Sujet et duchesse, dr., 3 a.	60	V de château (la), v., 1 a.	60
Manon me ne épisode de la Fronde.	60	Nuées (les), comédie en 2 actes.	60	Précédente (la), c., 3 a.	60	Surprises (les), v., 1 a.	60	Vie de garçon, v., 3 a.	60
Mansarde des Artistes (la), vaud., 1 a.	30	Nu ti pu meurtre (la), dr., 5 actes.	60	Prétendants (les), com., 5 a.	60	Susceptible (le), com., 1 a.	30	Vie d'un comédien, v., 4 a.	60
Mansarde du Crime (la) vaud., 1 a.	30	Obstacle imprévu (l') c., 3 actes.	60	Préville et Taconnet, v., 1 a.	60	Suzette, vaud., 2 a.	60	Vieille (la), op.-com., 1 a.	30
Mantil e (a), op.-c., 1 a.	60	Ogresse (l'), v., 2 a.	60	Princesse Aurélie (la), com., 5 a.	60	Symphonie (la), op.-c., 1 a.	60	Vieux péchés (les), v., 1 a.	50
Marguerite, op.-c., 2 a.	60	Oiseaux de Boccace, v., 1 act.	60	Prison d'Edimbourg (la), op.-c., 3 a.	60	Tasso (le) dr., 5 actes.	60	Vingt-six ans, c., 2 a.	60
Mariage d'argent (le) c., 5 a.	60	Oncle Baptiste, vaud., 2 actes.	60	Projet de mariage (le), coméd., 1 a.	30	Thérèse ou l'Orpheline de Genève, dr., 3 a.	60	Voyage à Dieppe (le), com., 5 a.	60
Mariage de raison, v., 2 actes.	60	Oscar, coméd., 5 actes.	60	Prosper et Vincent, v., 1 a.	60	Théorie, opéra-com., 2 a.	60	Voyage à Pontoise (le), c.	60
Mariage extravagant, v., 1 a.	30	Ours et le Pacha (l'), v., 1 acte.	30	Protégé (le), v., 4 a.	60	Tisserand de Ségovie (le), trag. en 5 actes.	60	Voyage de Robert Macaire, v., 1 a.	60
Mariage impossible (le), v., vaud., 2 a.	30	Ouverture de la chasse (l'), vaud., 1 acte.	30	Puits d'amour, op.-c., 3 a.	50	Tôt ou tard, com., 3 a.	60	Werther ou les égarements, v., 1 a.	30
Mari de sa cuisinière (le), vaud., 2 a.	60	Ouvriers (les), v., 1 a.	50	Papilles de la garde, (v., 2 a.	60	Toujours ou l'Avenir d'un fils, v., 2 a.	60	Yelva ou l'Orpheline russe, v., 1 a.	60
Mari de ma femme (le) com., 3 a.	60	Pacte de famine (le), dr. 5 actes.	60	Quaker et la danseuse (le), vaud., 1 a.	60	Tour de Nesle (la), dr., 5 a.	1 fr.	Zampa ou la Fiancée de marbre, o.-c. 3 a.	60
Marie, op.-c., 3 a.	60	Panier fleuri (le), op.-com., 1 acte.	30	Quatre-vingt-dix-neuf moutons, vaud., 1 a.	60	Tout pour l'or, d. 5 a.	60	Zoé ou l'Amant pè c., 1 a.	30
Mari et l'Amant (le) com., 1 a.	30	Paniers de Mademoiselle (les), com., 1 a.	60	Quinze avant midi (le), com., 1 a.	30	Trafalgar, vaud., 1 a.	50		
Marie Mignot, v., 3 a.	60	Paquerette, v., 1 a.	50	Rabelais ou le Curé de Meudon, v., 1 a.	30	Treize (les), opé -com., 3 a.	60		
Marie, ou le Dévouement, dr., 3 a.	60	Paria (la), trag. 5 actes.	60	Randal, drame, 3 a.	60	Trente ans ou la Vie d'un joueur, v., 5 a.	60	Femme (la) de 40 ans, com. en 3 actes.	60
Marie Stuart, trag. 5 a.	60	Parleur éternel (le) le Turc (le).	60	Ravel en voyage, v. en 1 acte.	30	Tribut des cent vierges (le), dr., 5 a.	60	Péché et Pénitence, v., 2 actes.	60
Marie de Rohan, opéra 3 actes.	1 fr.	Part du diable (la), op.-c., 3 actes.	60	Trois quartiers (les), c., 3 a.	30	Talisman (le), drame 5 actes.	90		
Marino Faliero, trag., 5 actes.	60	Passé midi, v., 1 acte.	30	Rebecca, vaudeville en 2 actes, par Scribe.	60	Turlurette, vaudeville en 5 actes.	60	Lady Seymour, drame 5 actes.	60
Maris sans femmes (les) vaud., 1 a.	60	Passé minuit, v., 1 acte.	30	Régine ou les Deux nuits, op.-com., 2 a.	60	Tutrice (la), c., 3 a.	60	Bœuf-Gras, v., 1 acte.	60
Maris vengés (les), v., 5 actes.	60	Passion secrète (la), c., 4 act.	60	Reine de seize ans (la), c., 3 a.	60	Un ange au sixième étage, vaud., 1 a.	60	Enfant chéri des Dames, vaud. 2 actes.	60
Marius à Minturnes, trag., 5 a.	60	Pauvre idiot (le), dr., drame 5 actes.	60	Reine d'un jour (la), op.-com. 3 a.	60	Un bal de grisettes, v., 1 a.	30	Gendre d'un millionnaire (le), c. 5 actes.	60
Marquis de Brunoy (le) drame 5 actes	60	Paysan pervertie (le), v., 3 actes.	60	Rendez-vous Bourgeois (les), op.-c. en 1 act.	60	Un Duel sous Richelieu, dr., v., 1 a.	60	Vieux de la Vieille (un) vaud. en 1 acte.	60
Marquis de Car bas (le) vaud., 2 actes.	30	Peau d'âne, féerie-v., 9 tabl.	60	République, l'empire et les Cent jours (la), v., 3 a.	60	Un fils, melodr., 4 a.	60	Justice de Dieu (la), drame en 5 actes	60
Marquise de Carabas (la), vaud., 1 a.	30	Pénitens blancs (les), va. d., 2 actes.	60	Richard d'Arlington, dr., 3 a.	60	Un mari charmant, v., 1 a.	60	Petit homme Gris (le), vaud. en 1 acte.	60
Marquise de Rantzau (la), vaudev., 3 act.	60	Père de famille (le), dr., 5 actes.	60	Richard Savage, drame, 5 a.	60	Un mari du bon temps, v., 1 a.	30	Roi des Frontins (le), vaud. en 2 actes.	60
Marraine (la), v., 1 act.	30	Père de la débutante (le), vaud., 3 actes.	60	Rigoletti, vaud., 1 a.	60	Un mari s'il vous plaît, v., 1 a.	30	Homme aux trente écus (l'), v., 1 acte.	60
Masaniello, op.-com., 4 actes.	60	Père Pascal (le), vaud., 2 actes.	60	Rivaux d'eux-mêmes (les), com., 1 a.	30	Un ménage parisien, dr., 2 a.	60	Image (l'), v., 1 acte.	60
Mathilde, drame, 5 a.	60	Périnet Leloir, d., 5 actes.	60	Robert, chef de brigands, dr., 5 actes.	60	Un moment d'imprudence, c., 3 a.	30	Madame de Lucenne, com. 3 actes.	60
Médisant (le), coméd., 4 actes	60	Permission de dix heures, v., 1 acte.	30	Robert-le-diable, g. opéra en 5 actes.	60	Un monsieur et une dame, vaud., 1 a.	60	Maçon (le), op.-com., 3 actes.	60
Mémoires d'un colonel de hussards, vaud., 1 acte.	30	Perruquier de la régence, op.-com., 3 actes.	60	Robin des bois, op.-c., 3 a.	60	Un page du régent, v., 1 a.	30	Jeanne et Jeanneton, vaud. en 2 actes.	60
Ménestrel (le), coméd. 5 actes.	60	Petit Chaperon rouge (le), op.-com., 3 actes.	60	Rodolphe, dr. en 1 act.	60	Un péché de jeunesse, v., 1 a.	60	Étudiants (les), drame 5 actes.	60
Mère et la Fille (la), coméd., 5 actes.	60	Petites Danaïdes (les), parodie.	30	Roman (le), c., 3 a.	60	Un premier amour, v., 1 a.	60		
Mère au bal et la Fille à la maison (la), v., 2 actes.	30	Philippe, vaud., 1 acte.	50	Roman de Pension (un), vaudev. en 1 acte.	60	Un scandale, v., 1 a.	30		
Michel et Christine, v., 1 acte.	30	Philantropes (les), c., 3 actes.	60	Roman d'une heure (le), com. en 1 a.	60	Un voyage, v., 1 a.	30		
Michel Perrin, vaud., 2 actes.	60	Philosophe sans le savoir (le), c., 5 a.	60	Rose jaune (la), v., 1 a.	30	Un testament de dragon, v., 2 a.	60		
Mil sept cent soixante, com. 1 acte.	30	Philtre (le), grand op., 2 actes.	60	Rose de Péronne (la), com., 5 a.	60	Une famille au temps de Lu her, trag., 1 a.	60		
Mina, opéra-com., 3 a.	75	Philtre champenois (le), vaud., 1 acte.	30	Rossignol (le), v., 1 a.	30	Une faute, vaudev., 2 a.	60		
Misantropie et repentir, comédie, 5 actes.	60	Thabus ou l'Ecrivain public, vaud., 2 a.	60	Rue de la Lune (la), v., 1 a.	60	Une heure de mariage, op.-c., 1 a.	30		
Moïroid et compagnie, vaudev., 1 acte.	30	Picaros et Diégo, op.-com., 1 acte.	60	Ruy-Blas, parodie de Ruy Blas.	60	Une chute, c., 1 a.	60		
Mon coquin de neveu, vaudev., 1 acte.	30	Pied de mouton (le), vaud., 3 actes.	60	Samuel le marchand, c., 5 a.	60	Une invasion de grisettes, v., 2 a.	60		
Monsieur Chapolard, v., 1 acte.	30	Pierre le Noir ou les Chauffeurs, dr., 5 a.	60	Sans tambour ni trompette, vaud., 1 a.	30	Une jeunesse orageuse, v., 2 a.	60		
Monsieur sans gêne, v., 1 acte.	30	Pie voleuse, dr., 3 a.	60	Satan ou le Diable à Paris, o.-c. 4 a. pr. et fe.	60	Une journée à Versailles, c., 3 a.	60		
Moyens dangereux (les) coméd., 5 actes.	60	Pioupiou (le), v., 2 a.	60	Seconde année (la), v., 2 a.	30	Une nuit au sérail, v., 2 a.	60		
		Planteur (le), op.-com., 2 actes.	60	Secret du ménage (le), v., 1 a.	60	Une position délicate, v., 1 a.	30		
		Plus beau jour de la vie (le), v., 2 actes.	60	Secret du soldat (le), dr.-vaud., 3 a.	60	Une présentation, c., 3 a.	60		
		Polder ou le Bourreau, dr. 3 actes.	60	Secrétaire (le) et le Cuisinier, v., 1 a.	60	Un Saint-Hubert, c., 1 a.	30		
				Sept heures, dr., 1 a.	60	Une vision ou le Sculpteur, v., 1 a.	30		

Dernières pièces parues dans la FRANCE DRAMATIQUE, à 60 centimes chacune.

MADEMOISELLE ROSE, comédie en 3 actes.
UNE CHAINE, comédie en 5 actes.
MADAME BARBE-BLEUE, vaud. en 2 actes.
FOLLE DE LA CITÉ, drame en 5 actes.
LAMBERT SIMNEL, opéra comique en 3 actes.
ROMAN D'UNE HEURE, comédie en 1 acte.
OGRESSE, vaudeville en 2 actes.
TOT OU TARD, comédie en 3 actes.
JEAN LE NOIR, comédie-vaudeville en 3 actes.
JACQUOT, vaudeville en 1 acte.
NANON, vaudeville en 2 actes.
MARQUIS DE CARABAS, vaudeville en 1 acte.
DANIEL LE TAMBOUR, vaudeville en 1 acte.
UNE INVASION DE GRISETTES, vaudev. en 1 acte.
TUTRICE (la), comédie en 3 actes.
MADES CHIENS, drame en 3 actes.
CAGLIOSTRO, opéra comique en 3 actes.
BOHÉMIENNE DE PARIS, drame en 5 actes.
MYSTÈRES DE PASSY, parodie en 5 actes.
LUCILE, drame en 3 actes.
AMANS DE MURCIE, drame en 5 actes.
POLKA (la), vaudeville en 1 acte.
COMTESSE D'ALTENBERG, drame en 5 actes.
SIRÈNE, opéra comique en 3 actes.
RAVEL EN VOYAGE, vaudeville en 1 acte.
UNE VEUVE DE LA GRANDE ARMÉE, dr. en 4 a.
CARLIN DE LA MARQUISE, vaudeville en 2 actes.
TOUT POUR DE L'OR, drame en 5 actes.
RENDEZ-VOUS BOURGEOIS, op. com. en 1 acte.
RODOLPHE, drame en 1 acte.
SATAN, vaudeville en 4 actes.
SURPRISES, vaudeville en 1 acte.
L'HÉRITIÈRE, comédie en 1 acte.

TURLURETTE, vaudeville en 1 acte.
BABIOLE ET JOBLOT, vaudeville en 2 actes.
TISSERAND DE SÉGOVIE, drame en 3 actes.
NUÉES (les), comédie en 3 actes.
ROMAN DE LA PENSION, vaudeville en 1 acte.
UNE FEMME DE 40 ANS, comédie en 3 actes.
DAME DE SAINT-TROPEZ (la), drame en 5 actes.
PANIERS DE MADEMOISELLE (les), com. en 1 a.
REBECCA, vaudeville en 2 actes.
PÊCHÉ ET PÉNITENCE, vaudeville en 2 acts.
TALISMANS (les), drame en 5 actes.
LADY SEYMOUR, drame en 5 actes.
BOEUF GRAS, vaudeville en 1 acte.
BIRIBI LE MAZOURKISTE, vaudeville en 1 acte.
ENFANT CHÉRI DES DAMES (l'), vaudeville en 1 acte.
GENDRE D'UN MILLIONNAIRE (le), com. en 5 a.
VIEUX DE LA VIEILLE (le), vaudev. en 1 acte.
JUSTICE DE DIEU, drame en 5 actes.
LA BELLE ET LA BÊTE, vaudeville en 2 actes.
PETIT HOMME GRIS, vaudeville en 1 acte.
CENDRILLON, opéra comique en 3 actes.
ROI DES FRONTINS, vaudeville en 3 actes.
L'IMAGE, vaudeville en 1 acte.
MADAME DE LUCENNE, comédie en 3 actes.
LA BARCAROLLE, opéra comique en 3 actes.
LE MAÇON, opéra comique en 3 actes.
JEANNE ET JEANNETON, vaudeville en 2 actes.
ÉTUDIANS (les), drame en 5 actes.
LA SOMNAMBULE, vaudeville en 2 actes.
LA GARDEUSE D'DINDONS, vaudev. en 3 actes.
CONTE GRY, opéra en 2 actes.
CONTREBASSE (la), vaudeville en 1 acte.
FANFAN LE BATONNISTE, vaudev. en 2 actes.
HOMME DE PAILLE, vaudeville en 1 acte.

VOISIN BAGNOLET, vaudeville en 1 acte.
MAIN DE FER, opéra comique en 3 actes.
BAINS A DOMICILE, vaudeville en 1 acte.
DUC D'OLONNE, opéra comique en 3 actes.
ENTRE L'ARBRE ET L'ÉCORCE, vaud. en 1 acte.
DIABLE A L'ÉCOLE, opéra comique en 1 acte.
COULEURS DE MARGUERITE (les), vaud. en 1 a.
KIOSQUE, opéra comique en 1 acte.
MINA, opéra comique en 3 actes.
CARMAGNOLA, opéra comique en 3 actes.
LES DIX, opéra comique en 1 acte.
DIABLE A QUATRE (le), vaudeville en 3 actes.
CONTE DE FÉES, vaudeville en 3 actes.
GARDE FORESTIER, vaudeville en 2 actes.
NOÉMIE, vaudeville en 2 actes.
DEUX COMPAGNONS DU TOUR DE FRANCE, v. 2 a.
UNE FEMME LAIDE, vaudeville en 2 actes.
JEAN DE BOURGOGNE, drame en 3 actes.
ENDYMION, vaudeville en 1 acte.
CARLO BEATI, vaudeville en 3 actes.
MOUSSE (le), vaudeville en 2 actes.
GEORGES ET MAURICE, vaudeville en 2 actes.
ONCLE DE NORMANDIE (l'), comédie en 3 actes.
MARIE MICHON, vaudeville en 2 actes.
CLYTEMNESTRE, tragédie en 5 actes.
SECRET DE LA CONFESSION, tragédie en 3 actes.
CLÉOPATRE, tragédie en 5 a.
UNE FÊTE DE NÉRON, tragédie en 5 actes.
SAUL, tragédie en 5 actes.
NORMA, tragédie en 5 actes.
GLADIATEUR, tragédie en 5 actes.
CURNÉ DU ROI, tragédie en 5 actes.
MARCHÉ DE LONDRES (le), drame en 5 actes.
LE TEMPLE DE SALOMON, drame en 5 actes.

PIÈCES A 1 FRANC.

JEANNE D'ARC, tragédie en 5 actes.
MICHEL BRÉMOND, drame en 5 actes.
LUCIE DE LAMMERMOOR, opéra en 2 actes.

NORMA, opéra en 3 actes.
NIZZA DE GRENADE, opéra en 3 actes.
ROBERT DEVEREUX, opéra en 3 actes.

UNE AVENTURE DE SCARAMOUCHE, opéra en 3 actes.
DON PASQUALE, opéra bouffe en 3 actes.

ON TROUVE A LA MÊME LIBRAIRIE.

LE CHASSEUR AU CHIEN D'ARRÊT,
Contenant les habitudes, les ruses du Gibier, l'art de le chercher et de le tirer, le choix des Armes, l'Éducation des Chiens, leurs maladies, etc.

PAR ELZÉAR BLAZE,

3e édition. — 1 vol. in-8°. — Prix 7 fr. 50 c.

LE CHASSEUR AU CHIEN COURANT,
Contenant les Habitudes, les Ruses des Bêtes, l'Art de les quêter, de les juger et de les détourner, de les attaquer, de les tirer ou de les prendre à force ; l'éducation du Limier, des Chiens courans, leurs maladies, etc.

PAR ELZÉAR BLAZE,

2 volumes in-8°. — Prix 15 francs.

HISTOIRE DU CHIEN
CHEZ TOUS LES PEUPLES DU MONDE,
d'après la Bible, les pères de l'Eglise, le Koran, Homère, Aristote, Xénophon, Hérodote, Plutarque, Pausanias, Pline, Horace, Virgile, Ovide, Jean Cains, Paulini, Gessner, etc.

PAR ELZÉAR BLAZE,

Un vol. in-8°. — Prix 7 fr. 50 cent.

LE CHASSEUR AUX FILETS
OU LA CHASSE DES DAMES,
Contenant les habitudes, les Ruses des petits Oiseaux, leurs noms vulgaires et scientifiques, l'Art de les prendre, de les nourrir et de les faire chanter en toute saison, la manière de les engraisser, de les tuer et de les manger.

PAR ELZÉAR BLAZE,

1 vol. in-8°, avec pl. gravées. — Prix 7 fr. 50 c.
LE MÊME, grand papier vélin, imprimé en encre rouge. Prix 15 fr.

LE CHASSEUR CONTEUR,
OU
LES CHRONIQUES DE LA CHASSE,
Contenant des Histoires, des Contes, des Anecdotes, et, par ci, par là, quelques Hâbleries sur la Chasse, depuis Charlemagne jusqu'à nos jours.

PAR ELZÉAR BLAZE,

1 vol. in-8°, avec pl. gravées. — Prix 7 fr. 50 c.

La vie militaire sous l'Empire,
OU
MOEURS DE LA GARNISON, DU BIVOUAC ET DE LA CASERNE,
par EL. BLAZE,

DEUX VOLUMES IN-8. — PRIX 15 FR.

CABINET SECRET DU MUSÉE ROYAL DE NAPLES.

1 beau volume in-4° grand raisin vélin, orné de 60 planches coloriées, représentant les peintures, les bronzes et statues érotiques qui existent dans ce cabinet. Au lieu de 100 fr., broché...... 30 fr.
LE MÊME, figures noires, broché..................... 20
— figures coloriées sur chine, demi-reliure en veau.... 40
— figures noires sur chine, demi-reliure en veau...... 35
— doubles fig. noires et coloriées, cartonné à la Bradel. 45
— avec les deux collections de gravures sur papier de Chine parfaitement coloriées, demi-rel., dos en veau à nerfs. 60

L'art ancien et l'art au moyen-âge ne se piquaient pas d'une pudeur bien chaste ; les plus admirables chefs-d'œuvre sont souvent accompagnés de détails obscènes qui en rendent impossible l'exposition aux yeux de tous. Le cabinet-secret du roi de Naples est la seule galerie au monde où l'on se soit proposé de réunir tous les chefs-d'œuvre impudiques. Le livre qui les reproduit est indispensable complément de toutes les collections de musées, et doit trouver place dans un coin secret de la bibliothèque de l'artiste et de l'amateur.

RUSSIE, ALLEMAGNE ET FRANCE,
Révélations sur la politique russe,

D'APRÈS LES NOTES D'UN VIEUX DIPLOMATE,

par M. FOURNIER. — 1 vol. in-8°, prix 4 fr.

JEANNE D'ARC,
Par A. SOUMET. — 1 vol. in-8°, prix 5 fr.

THÉATRE DU MÊME,
1 vol. in-8°, prix 4 fr.

Paris. — Imprimerie de BOULÉ, rue Coq-Héron, 5.

www.ingramcontent.com/pod-product-compliance
Lightning Source LLC
Chambersburg PA
CBHW070431080426
42450CB00030B/2401